I0756872
Gumortoĩ
Yina abagada yida.

Gumortommi yina budi abagada yida.

3

Yina orroda wônnu čĩkã
yina tûrtaa yidao :

doondunu

direnu

nûr

adi

gumo

Yina ndûrtu hundã
turonnu-ã ndê ?

Sula kurra hundã lila.

Guro hundã wobu yiŋgaldu lôko kîrido togusoo, nonogo čadi.

Mura gunna hohoda.

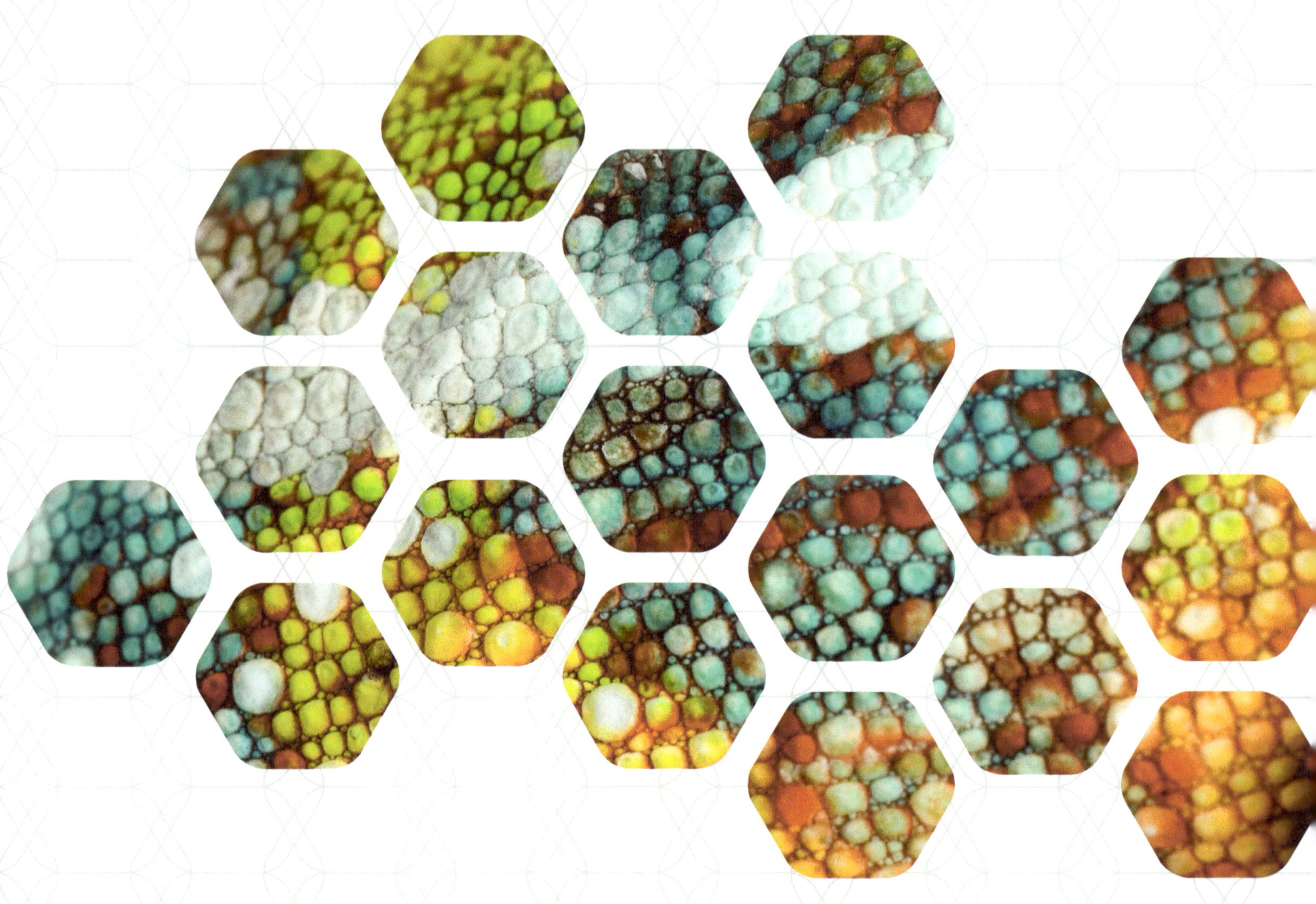

**Gumortommi
gini hunã hûktini.**

Gumortommi yunu guru hu abusyodirîe koo hûmbi zodu gini hunã hurosčini.

Gini hunã kôi čĩ̃ tûrtu togusi.

Lôko gumortoĩ aŋguru-ã ôdi-ĩ lau tigirîe togusoo, gini hunã hurosčunu tûri togusi.

Lôko borru togusoo, gini hunã kunjini. Lôko dumosu togusoo, gini hunã buyini.

Tirmesu hunã
budi durusu.
Šidena dogu
du čûkoo
mannu budi
kumayunu
čoobi.

15

Sama hunã zaga čidaũwa gunna du hûriyini. Ôwonni sama hunã šiša du bî čudurti.

Saba hunã budi dunoda.
Yunu čoŋã yusobú. Yidi
su kôčinĩ tuno koo mannu
kuyo di kôčini.

18

Hidimili hunã
du yidi kînnĩe
mannu čoŋoo,
su kôčini.

Gumortommi kôe šiša du čǐ.

Êmmi du ni čǐ.

Suri-ĩ du ni čǐ.

Susa-ã du ni čǐ.

Šaši-ĩ kulo ni čǐ.

Numi-ĩ du ni čǐ.

Anna aŋgalda Afûrik čûkã a koo yuhati :

Gumortommi gini hunã hurosči busamma tûrtu yogusi. Čîidi busamma gini hunã hurosči gumortommi tûrtu yogusú.

Gurmortoĩ koo gini hunã hurosčini. Čîidi aši hunã didi hurosčunú.

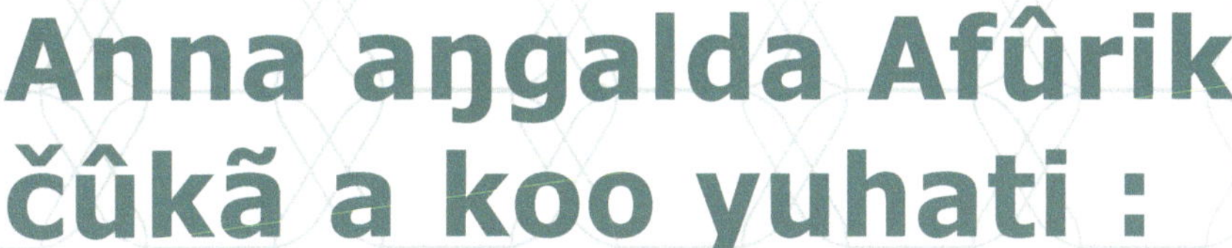

23

Première édition de cet ouvrage sous le titre Kêziŋki
chez APE (Association pour le Promotion de l'Education)
Texte : Armi Mamar, Mohamed Abakar et Rivers Camp (Galmai Wûji)
Mise en page : Robert Johnson (Sûmpi Zen)
Publié par APE ©2015

Édition tudaga :
Traduit par Abdel-Salam Wahali Brahim et Anja Neuhaus-Höneisen (Dočuiĩ)
Mosko Hanadii-ĩ ©2018
www.moskohanadii.org

www.ingramcontent.com/pod-product-compliance
Lightning Source LLC
Chambersburg PA
CBHW040040240726
48664CB00003B/1009